TAL VEZ LOS AÑOS
YA NO TENGAN OCTUBRE

TAL VEZ LOS AÑOS
YA NO TENGAN OCTUBRE

José Belmonte

XXII Premio de Poesía Dionisia García
Universidad de Murcia

Belmonte, José
   Tal vez los años ya no tengan octubre / José Belmonte.-- Murcia :
Universidad de Murcia, Servicio de Publicaciones, 2025.

   51 p.-- (Editum Aula de poesía)

   XXII Premio de Poesía Dionisia García.
   ISBN 978-84-10172-47-0

Poesía española-Siglo 21º-Textos.
Poesía española-Murcia (Comunidad Autónoma)-Siglo 21º-Textos.
Universidad de Murcia. Servicio de Publicaciones.

821.134.2-1"20"

1ª Edición 2025

ISBN: 978-84-10172-47-0

Depósito Legal: MU 371–2025
Impreso en España - Printed in Spain

Imprime: Servicio de Publicaciones. Universidad de Murcia
Campus de Espinardo. 30100-MURCIA

Este libro ha obtenido el *XXII Premio de Poesía Dionisia García-Universidad de Murcia*, cuyo jurado estuvo compuesto por D. Francisco Javier Díez de Revenga Torres, D. Eloy Sánchez Rosillo, Dª. Juana Castro Muñoz, Dª. Amalia Iglesias Serna, Dª. Cristina Morano Carretero y Dª. Isabelle García Molina.

A Bárbara Joyce, que reparte alegría

"El dolor apenas quema
cuando nada queda en el hueco
de un antiguo corazón".

Ana María Moix

"Voy a sumergir mi daga en tu corazón".

William T. McGonagall

EL CIELO ANUNCIA LLUVIA

"Todo está roto por la noche".

F. García Lorca, *Poeta en Nueva York*

¿En qué momento sucumbió esta ciudad, como un antiguo
imperio que se desmorona, carente de historia,
que no posee puerto, ni una poderosa y sólida muralla
que la defienda de los enemigos
                              invisibles que la acechan? La ciudad
es un conjunto   desigual, catastrófico,
de edificios transparentes, trazados con mano
diestra, erigidos sobre antiguas
escombreras, sobre ramblizos, meranchos
                    y acequias tumultuosas,
sobre terrenos que ahora ocultan
ciénagas, aljibes, pozos ciegos,
mazmorras, refugios antiaéreos
                         de los años pretéritos, aún sangrantes,
mezquinos depósitos de rencores que se filtran
                                        gota a gota,
escenas de un crimen cuyas huellas han sido
borradas con eficaz y sublime destreza.

Edificios asépticos y fríos, de perfiles deslumbrantes,
de cristales tintados en azul, orgullo

de la inteligente domótica,
que impiden ver pasar la vida en su color natural, que no
proyectan
sombra alguna sobre el asfalto,
que se extienden, dóciles, enhiestos,
como ovejas camino del matadero,
hacia el Norte, hacia ámbitos glaciales, asépticos, donde
reinan
los buenos modales y el silencio,
los suelos crujientes del parqué,
el guarda uniformado que saluda y da las buenas noches.

¿En qué preciso instante dejó de ser un pueblo apacible
y tranquilo
como una tarde de domingo, como un campo
de girasoles,
en el que convivían, en amor y compaña, cristianos,
moros y judíos, cada uno con sus fueros, con sus privilegios,
sin vasallaje alguno, como cuentan
los más reputados medievalistas?

Avenidas con las que se han sellado,
tan disimuladamente, los senderos del
oprobio y del dolor,
los gestos furtivos de angustia,
el espectáculo grosero de la crueldad.

Carreteras construidas sobre fétidos albañales,
parques que ocultan árboles fosilizados, huertos
primorosos de una resplandeciente
                                    Arcadia perdida,
viejos cementerios de cruces maltrechas,
de lápidas laceradas
en donde reposan, bajo la yerba, huesos
sacros, tibias que asoman de sus oscuros féretros
                        infectos, hostigados por la carcoma,
-también hay muerte para la muerte-,
por la humedad que los desbarata y agrieta.

El hombre que mira desde la ventana
de la habitación de un hospital sabe ahora
                        con certeza que el corazón es un cazador
solitario, porque lo ha leído en una novela
                                    de Carson MacCullers,
donde se señala que el mundo está construido
sobre una simple mentira, y que los ignorantes han vivido
tanto tiempo con esa mentira que ni siquiera son
                                    capaces de verla.

Por eso el hombre que mira desde la ventana de un sexto
piso en la fresca madrugada de un día de trabajo
no deja escapar el más mínimo detalle, el ruido
                        más leve e imperceptible

ahora que van apagándose las horas,

                    que el cielo anuncia lluvia,

que la humedad envuelve con su invisible manto

                  las tupidas copas de los árboles,

los tendidos eléctricos, las paradas

de los autobuses, las farolas de amortiguada

                    luz moribunda, anémica,

y los últimos automóviles vuelven a casa

               con una lentitud desesperante,

envueltos en luto, sumergidos en el silencio, como esos trenes

                  fatigados, renqueantes

que, con aire torpe de clandestinidad,

anestesiados por la costumbre,

               emergen poco a poco de la niebla

y apuran las últimas fuerzas para llegar a su destino.

UN MATRIMONIO DE CONVENIENCIA

A María Antonieta, es decir, a María Antonieta
Josefa Juana de Habsburgo-Lorena, hija del emperador
Francisco I del Sacro Imperio Romano Germánico
                                        y de la emperatriz
                        María Teresa I de Austria,
no creo que le importara demasiado que le cercenaran
la cabeza en la guillotina y que luego, al ser enterrada,
se la pusieran, en un reconocido gesto de burla extrema,
                                        entre las piernas.
A ella, que tanto cuidó esos detalles.

Cuentan que se tropezó subiendo
                        al cadalso el día de su ejecución
y que pisó sin querer al verdugo que le aguardaba.
Disculpe, señor, le dijo, con la dignidad y la galantería
                                        propias de una reina,
no lo hice a propósito.

Fue detestada por la corte francesa, donde, en un diabólico
                        juego de palabras
la llamaban *l'autre chienne*, es decir, la otra perra,
en vez de *l'autrichienne*, la austriaca, como le correspondía
                                        por nacimiento.

Tuvo que soportar miles y miles de panfletos en su contra,
escritos con una torpe caligrafía, en un mal francés,

                              sin estilo ni gracia alguna.
Así como las habladurías de la gente que contabilizaba

                                        por docenas
el número de sus amantes, sus relaciones

                              íntimas con otras mujeres
y su bien llevada fama

              de despilfarradora que se había ganado a pulso.

María Antonieta mantuvo la buena educación y el tipo
hasta el último instante, así que no le importó
perder la cabeza - ¿para qué servía, si no, ese trasto pesado

                                        e inútil? -,
con una dignidad y una soberbia que ignoran los libros

                                        de historia.

Sólo de esa manera pudo librarse de sus muchas deudas,
de un estúpido y baboso marido con el que se casó

                      a los catorce años, apenas una niña,
y con el que tardó otros siete en consumar

                              un matrimonio de conveniencia.

VIDA DE PERRO

Hace treinta mil años que aún eran lobos,
animales salvajes que deambulaban de un sitio para otro,
                              sin rumbo fijo,
eran cánidos que se guiaban por las estrellas,
                              por los ruidos de la noche,
por un infalible olfato con el que esquivaban los peligros
        y ahuyentaban el miedo, reflejado en sus rostros.
Trataban de aparearse y buscaban alimento
                    en lo más oscuro y profundo de los bosques,
huían de las cuevas, iluminadas   con fuego, con antorchas,
        en cuyas profundidades habitaban los hombres.

Los domesticamos a base de engaños, de falsedades y mentiras
                              tendiéndoles la mano,
ofreciéndoles un exiguo trozo de carne, un humilde mendrugo
de pan, y después los convertimos en nuestros esclavos:
les pedíamos que nos dieran
                        la pata, que inclinaran su cabeza,
que nos siguieran hasta el fin del mundo,
que se humillaran ante nosotros, que estuvieran dispuestos
                              a dar la vida
en cualquier instante, con tan sólo un chasquido de nuestros
                                          dedos,

que nos defendieran, aunque no supieran
con certeza si era por una causa justa,
que se mostraran afables y fieles con nuestros conocidos,
cariñosos con nuestros hijos,
que exhibieran sus colmillos y toda su antigua fiereza a
quienes odiamos.

Cuando llegó a la casa ella tenía cuatro meses y yo había
cumplido
los cincuenta y cinco,
le compramos una cama mullida, juguetes y comida en
abundancia,
un lugar en el que descansar, al calor de la lumbre
en invierno, en un sitio fresco y ventilado en verano,
subía a nuestra cama los domingos, nos despertaba a
lametazos,
mirándonos fijamente a los ojos, como quien mira a su dios,
salíamos al parque cada mañana, con la escarcha,
con las primeras luces,
cuando el jardín olía a yerba recién cortada, al relente de
la noche,
a rosas que crecían
en invierno,
veíamos juntos el atardecer, ese instante único
en el que el sol incendia las nubes y desaparece misteriosamente,
le gustaba mojarse las patas, chapotear en el agua como un niño

travieso que descubre su paraíso,
                  y me acompañó en mis viajes, vimos correr
lobos, sus antiguos hermanos, en las montañas,
se sentaba a mis pies en las terrazas
                              de las cafeterías,
aguardaba pacientemente, con la mirada puesta en el infinito,
con la cabeza inclinada y los ojos bien abiertos,
                  en tanto yo me entretenía en ver pasar a la gente,
o esperaba a un colega, a una compañera que llegaba con
                                          cierto retraso
            a nuestra cita.

Ahora tiene diez años, la ley inexorable y severa de la vida,
                              y yo sesenta y cinco.
A mí me respeta más el paso del tiempo, y ella sufre el agravio
de la multiplicación por siete cada doce meses,
por lo que se ha convertido en cinco años mayor que su amo.

Recuerdo aquella historia de Paul Auster en el guion
                        de una película:
el padre desaparece en la montaña un día que va a esquiar,
                        y no regresa nunca.
Muchos años después, su hijo, su propio hijo, mira al suelo,
observa el hielo de esa misma montaña, y contempla,
                              perplejo, su vivo retrato,
como si estuviera ante un espejo: sus mismos tumefactos

labios, el mismo espesor de cejas, los mismos ojos grises,
era su padre, la magia de la naturaleza
                    hace que se produzca el encuentro.
El hombre, al fin rescatado, recuperado del olvido,
                    es menor que su descendiente,
que se siente incapaz de articular ni una sola palabra,
sorprendido por ese milagro,
por ese inesperado, obsceno e inadmisible cambio
                    de papeles.

De ese modo, ahora, a tus setenta años ya cumplidos,
                    eres quien dicta
los lugares que más me convienen para pasear,
                    estirar las piernas, aún ágiles y sanas,
la hora perfecta para recogerse, volver a casa,
tomar el alimento más nutritivo, menos dañino, leer un rato
y descansar hasta el día siguiente.
Con la lealtad de un siervo, de un gozoso cautivo,
                    te obedezco, te doy las gracias
                              asumo el papel
que ahora me ha sido asignado,
y te miro, como tú me has mirado siempre, como un hijo
                    que adora a su padre.

DOS HOMBRES EN UNA CAMA

"Les digo este relato para ahuyentar el miedo"
Julio Llamazares, *Memoria de la nieve*

Es probable que la escena la hubiera visto ya en alguna
                                    película en uno de esos cines
de sesión continua a los que su cuñado,
                Martínez Ruiz "Azorín", acudía con frecuencia
cuando era un afamado viejo
                de extrañas manías y caprichos inconfesables,
un hombre de rostro triste y cuarteado
                                    por los soles de Levante,
que deambulaba, distinguido y recto,
                                    sin rumbo fijo
por las calles de Madrid con su sombrero y un paraguas
                rojo en la mano, huyendo de la muerte.

Es probable que ese pasaje, cruel, por más que pase el tiempo
y los manuales traten de ocultarlo,
lo hubiera ya plasmado en alguno de esos comprometedores
                                                    libros
que le convirtieron en escritor, en autor de duros alegatos,
                                de severas denuncias
contra el poder, y a favor de los vencidos,
de los más tristes, de los suicidas, de los que callan,

aquellos cuyas manos
colgaban con la pesadez de una piedra por culpa
del mercurio   en la California del Cobre,
durante la primera década del siglo XX.

Pero nunca pudo imaginar ni otorgarle una mínima
                                        forma literaria
a aquel día en el que unos pasos
retumbaron sobra la tarima, sobre el suelo
de madera oscura, recién encerada,
del amplio despacho oficial
de la gobernación de Ávila, aquellas imperiosas voces
                        de jubilosos militares golpistas
que le obligaban, sin respeto a la autoridad competente,
a rendirse, a entregarse con urgencia al horror y a la barbarie,
                                        a la extinción,
  frente a un nutrido pelotón de fusilamiento.

En agosto de mil novecientos treinta y seis, Ciges Aparicio
tampoco podía imaginar que Luis, Luisito, uno de sus hijos,
de tan solo catorce años en aquel instante,
se habría de convertir en director de cine,
actor relevante entre los secundarios, al regreso
de su obligada aventura en la División Azul, junto
al sonriente, mordaz y sarcástico Luis Berlanga.

Aquel cuatro de agosto del funesto treinta y seis,
Ciges Aparicio no podía imaginar, de modo alguno,
que más de medio siglo después, su retoño,
su hijo más despierto y querido, Luisitodemicorazón, en
la escena
que le encumbró a la definitiva
fama, que es ya historia del cine,
acostado en el mismo lecho que Resines en el papel de
hijo-profesor
procedente de la Universidad de Oklahoma, con un vasto
y recio crucifijo en lo alto, con el que se ponía
a Dios por testigo,
también, a su modo, solicitara clemencia: *supongo yo*
que me respetarás, que un hombre en la cama siempre
es un hombre en la cama, ¿eh?

WILLIAM McGONAGALL (1825-1902), PEOR POETA DE LA HISTORIA

"El que muere tiene derecho a decirlo todo"
François Villon

¿A quién podrá importarle que sus restos, su frágil
carne mortal, su sombra errante y vacía, habiten
una tumba sin nombre, sin inscripción

                                  alguna, sin una señal,
sin una cruz vencida
por el paso de los años, herrumbrosa
                         por la lluvia y el viento?
Buried near this spot: "Enterrado cerca de este lugar".

Nadie cantó, sin embargo, como él, con su mismo ímpetu,
                     con parecido vigor y pasión, a la noble
ciudad de Glasgow, *con sus calles tan limpias*
y ordenadas, sus majestuosas mansiones y su hermoso verde.

Dónde, decidme, dónde descansa el poeta tejedor
que aprendió el discreto oficio de su padre,
el poeta de endiablada y retorcida sintaxis,
un amasijo de palabras trituradas por una mano
cerril, torpe y desmañada.

Poco importa haber sido nombrado, entre risas
                              y escarnio, Gran Caballero
de la Sagrada Orden del Elefante Blanco
de Birmania, el Peor Poeta del Mundo
                              por sus insoportables
ripios indecorosos, esa música lerda y ciega con la que cantó,
con voz destemplada, el desastre
del Puente Tay después de una tormenta aquel domingo,
veintiocho de diciembre de 1879.

Que celebró el placer de los esquimales
durante el verano, cuando la luz es perpetua.
Que dedicó su vida al arte de la poesía plebeya y desvalida.
                              Que compró,
con su menguado sueldo, los dramas de Shakespeare
para luego traicionarlos bajo la tenebrosa
                              luz de un escenario.

A nadie le cupo tanta gloria, a nadie le cupo
el honor de haber sido un fantasma bajo una túnica
de niebla, una sombra errante entre paisajes
tristes de su Dundee natal, antes de arribar a la dulce América
en donde los alegres gritos de los niños
desgarran el aire de las calles de Nueva York,
mientras que en los terrados se seca la ropa.

Nadie recibió jamás tan severo castigo,
nadie resistió, sin parpadear siquiera, sin una sola
queja, esa cerrada lluvia
de harina, de huevos podridos, lanzados
sin piedad alguna contra su rostro, contra esa cabeza
coronada no de laureles, sino con un ridículo gorro.

Que nadie se atreva a remover ni un solo palmo
de tierra del viejo cementerio de Greyfriars, donde los perros
vigilan las tumbas de sus amos, en busca
                    de una nada que se desvanece.

Dejad como único recuerdo las flores
mustias que cubren las inscripciones, los espinos crecidos
                    de las lápidas.
Que quede, acaso, bajo el cielo frío
de Edimburgo, el recuerdo huérfano de un verso,
la delicadeza y la luz transparente del alma,
                    la flor azul de la locura.

LA GUILLOTINA

¿Recuerdas, Crátilo, a aquel
viejo profesor al que apenas le quedaban
                                    unos cuantos dientes,
que impartía las clases completamente ebrio,
después de una simple copa de coñac que bebía
en la cantina unos pocos minutos antes?

Era una especie de Nosferatu, tu película
favorita, que huía de la luz, del tibio sol de la mañana,
al que todos respetábamos y queríamos,
que nos divertía con sus gestos, mostrando
la punta de la lengua que se colaba entre
los intersticios de su desdentada boca.

¿Recuerdas cuando se encerraba en el baño,
echando fuertemente el cerrojo,
junto al departamento de Filosofía
                                    de la Facultad de Letras,
y hablaba solo, se increpaba, sin piedad alguna, a sí mismo,
                                    y maldecía
en voz alta, espantando a las palomas, hasta provocar
                                                    el escándalo
entre los piadosos conserjes, que iban

de un lado para otro, que se lamentaban
de que el pobre don Antonio no tenía remedio?

¿Recuerdas, Crátilo, con qué pasión, con qué ímpetu,
                con qué denodado afán y arrebato,
guardando un raro equilibrio para no caer al suelo,
agarrándose al extremo de la mesa,
que daba vueltas a su alrededor,
como quien se aferra a las bridas de un caballo,
como un náufrago sobre una balsa en medio del océano,
hablaba de cierto filósofo - ¿acaso Nietzsche, Hegel,
                           Feuerbach? –
que, tras ser destituido
                  de su cargo, tranquilo,
resignado, con la paciencia propia de los perdedores,
se lamentaba: "Ya sabía yo que eso de señor profesor,
señor profesor..., iba a quedar en nada. ¿Sabéis
dónde debería estar mi cabeza?
Yo sí lo sé:
mi cabeza debería estar en la guillotina".

VITA ANSELMI

La fidelidad no se paga con ningún dinero.
Decía Goethe que la fidelidad
es el esfuerzo   de un alma noble
para igualarse a otra más grande
que ella. Y Anselmo, el viejo obispo de Canterbury,
                                lo sabía mejor que nadie
viviéndolo en sus propias carnes, viéndolo con sus propios ojos.

Un discípulo suyo, llamado Eadmer,
que, a la menguada luz de una bujía, concentrado en su labor,
siempre tomaba apuntes durante las intervenciones
                                de su maestro,
en su *Vita Anselmi* dejó constancia
de sus hechos, de esa enconada insistencia por erigirse
en firme defensor de la Inmaculada
                        Concepción de María.

Eadmer, como hombre entregado
            al que fuera su guía, su adalid, su ejemplo, el padre
del siglo futuro, la luz del mundo,
no escatimó elogios y salpicó su libro de numerosas
                                exageraciones,
                de piadosas y tolerables mentiras,

pues el amor es el mayor de los milagros,
e insistía, una y otra vez, con la fe y la constancia de los
                                                    que esperan
ganar el cielo, la gloria eterna, el descanso de los justos,
en proponerlo como firme candidato a una inmediata
santidad, que finalmente conseguiría unos siglos
más tarde, para disfrutarlo sólo desde la tumba
donde yacía, a la espera de la resurrección de la carne,
                        su cuerpo incorrupto.

Anselmo, hijo del noble lombardo Gondulfo,
fue piadoso y compasivo desde su más tierna infancia,
                                un destacado estudiante,
a pesar de la incomprensión y de los reproches
continuos de su progenitor.
Después, en sus libros, habría de dejar escrito que Dios
                        es el Ser más perfecto,
frente a un unicornio -así lo dijo, con esas dos mismas palabras:
 un unicornio- que puede ser pensado
                                como no existente,
porque no es necesario. Justo lo opuesto a Dios
que no se puede pensar como no existente, porque Él
es la esencia misma, la grandeza en sí misma, el bien
                de algo engendrado por sí mismo.

La vida no fue, sin embargo, demasiado justa con él,
ni siquiera con su filosofía ni su pensamiento,
después de buscar, hasta la extenuación, la racionalidad,
la bondad como verdad suprema,
sin poner jamás en duda, disciplinado y sumiso,
                              los dogmas ya existentes.

Muy poco tiempo después, un teólogo franciscano,
-franciscano habría de ser, con su raído
                    y pestilente sayal marrón,
atado a la cintura por un cíngulo-,
Pierre de Jean Olivi, bien conocido
por su observación extrema de la pobreza
                    de la propia orden, escritor
condenado -a todos nos llega nuestra hora y no hay plazo
que no se cumpla- por heterodoxo,
por lo que se vio obligado, para mayor deshonra,
            a dedicarse únicamente
                          a la guía de almas,
echó abajo, como se talan los árboles del bosque, como una
                                        frágil
            cabaña que se derrumba
ante el peso de la tormenta, ante el empuje del viento,
la principal premisa anselmiana, y aseguró
que le parecía extraño que las cosas blancas
recibieran su blancura de una verdadera

cosa blanca. De modo que a nadie llegó a extrañar que Olivi también pronosticara la inmediata

venida de un antipapa

que haría temblar los cimientos de la tierra.

EL VIEJO IDIOTA

Esperadme, detened vuestros pasos.
Sois peores que los niños, que siempre van veloces,
acuciados por una urgencia boba e inexistente
                                        a todas partes.
Caminar tan aprisa no os convierte en héroes,
ni siquiera es propio de un ser humano
que por ciertas leyes ancestrales ha de meditar a paso lento,
sintiendo en el rostro la suavidad del aire,
                                el perfume de la tarde,
el crujir sonoro de la propia vida.

Ya sabéis que es preciso medir el ritmo del tiempo, someterse,
como un antiguo galeote, a la esclavitud
                    de las horas, a la tiranía del instante,
tan voluptuoso como efímero.

No seáis estúpidos, no caigáis en la trampa, oh ingenuos.
No os comportéis como esos imbéciles
            que pululan por el mundo, limpiándose la baba. Nada
os da derecho a actuar como ellos.

Cuentan que Valle-Inclán, ya con su brazo maltrecho,
escribió una carta a un amigo, puso
en la dirección: Calle del Viejo Idiota, Madrid,
y el cartero depositó la misiva en el número
indicado de la calle José de Echegaray, matemático
y ex ministro de Hacienda, aquel barbado
y exquisito señor, Premio Nobel de Literatura,
aplaudido y aclamado en su tiempo, pero idiota
                                        al fin y al cabo.

Aguardadme, pues, no abuséis de mi reconocida
                                e infinita paciencia,
ya sabéis de mis muchos achaques, de mi salud maltrecha.
Procurad que me ahorre el insulto
                        de llamaros majaderos.

ATARDECER DE PARÍS, AÑO 1463

"Escuchadme bien; ayudadme si os place:
Sólo perderéis el tiempo de la espera".

François Villon

El hombre que cruza a paso lento, con aire cansado,
vestido de burdo paño, la Puerta
de Saint-Jacques, erigida sobre el río Sena
              hace más de dos siglos por un rey
aguerrido y valiente de la dinastía de los Capetos,
a la hora en la que el frío sol dora
con su luz los hermosos edificios, las cúpulas
          de la ciudad,
             no sabe, aunque su herido corazón
lo desmienta, que esta será la última vez que París
              escuche el ruido
de sus pasos el tiempo que le resta de vida.

Así que no habrá quien le cierre los ojos en la hora postrera,
ni ponga una cruz sobre una tumba con su nombre:
"Aquí reposan los huesos, convertidos en polvo
y ceniza, de François Villon que pasó a la otra orilla,
          empujado por el odio de sus enemigos".

Por eso procura no volver su rostro ni poner los ojos
en el lugar donde sabe que estuvo su casa,
-y en ella su madre, de manos finas y suaves-,
para que nadie le vea derramar

                                        ni una sola lágrima.

El hombre, que ha visto cumplidos sus treinta años,
que advierte que su organismo es como el de un anciano,
                          una llaga purulenta y mártir
que ha sufrido todas las enfermedades del cuerpo

                                        y del alma,
siente placer al recordar que en una exigua mochila
guarda sus últimos poemas.

En ellos, el hombre, por un prodigio de su imaginación
                          desatada, se ve a sí mismo
suspendido de una cuerda
que se balancea de un sitio para otro,
como un baile alentado por el diablo,
a merced del caprichoso e inhóspito viento.
Y ruega a sus hermanos, con los ojos ya vacíos, picoteados
por urracas y cuervos,
                          desnudo como un gusano,
que no se rían de su mal -podría sucederle a cualquiera-, que recen
al Príncipe Jesús para que lo absuelva de sus muchos pecados,
de haber dejado penetrar en sus tripas la mala cerveza

y el vino nuevo a chorro vivo, de no haber creído
que un cisne blanco es un cuervo negro,
de haberlo ganado todo y estar como quien pierde,
de haber proclamado, ante reyes y papas,
 que nadie es dueño
                                    de lo suyo.
De su desmedido fervor por las golosinas y los placeres,
                        por las damas
de muslos impecables, de bellos labios de carmín.
Y de su secreta inclinación
                        a escribir versos.

EL OLOR DE LA LEJÍA

A José Daniel Espejo, por su libro
Los lagos de Norteamérica.

Dónde estarán las lilas blancas de aquel jardín
nocturno de las que hablabas en tus tibios versos,
dónde esos días perfectos, tutelados por la mirada
                                cómplice de un dios,
dónde esas mañanas a las que llamabas únicas porque oías
crecer la hierba, dónde.

Dónde la pureza del desnudo,
los senos de alabastro de la carne nívea,
los pétalos de rosa abandonados por el viento
                    en los pasillos de las clínicas.

Dónde aquellas muchachas
rubias que miraban temblando de frío los escaparates
de las noches cálidas en las avenidas azules.

Habrá envejecido, sin duda -una vejez despiadada
e indecorosa-, aquella muchacha a la que tantos poemas
dedicaste, que paseaba por la playa, que tú mirabas y ella
sonreía la mañana de un verano.

Todo eso ha quedado en la penumbra, Vate Mentidor,
pobre desgraciado que te diriges a las maravillosas
niñas, amores de una sola noche
                           en hoteles perdidos,
a esos rostros descompuestos por la soledad y los barbitúricos.

Ya no te creo porque has perdido la voluntad
firme de sufrir sin causa. He perdido
toda la fe que te tenía, si es que alguna vez tuve fe alguna
        en tus versos, en tus arrebatos, en esa molesta insistencia
en querer ser dichoso. Recuerda,
                                oh incauto, las palabras
de Séneca: es más apropiado para un hombre reírse
                        de la vida que lamentarse de ella.

Creo en el Poeta de los Lagos,
el Poeta de la Música para Ascensores que se pregunta,
al borde del abismo, sobre el filo de una navaja,
si se esfuerza lo suficiente para que sus hijos no lloren,
ese que ve morir la tarde no desde la ventana
                                de un elegante
aposento de Roma, de Alejandría, de Siracusa,
                        sino en los parques infantiles,
en donde las voces se confunden con el repertorio musical
                        de las gaviotas, tan alejadas del mar,

tan bellas, elegantes y solitarias.

Creo en ese que a veces ve en sueños a la mujer
que falta, que se queja de no tener fotos de los gritos
                desesperados, indescifrables, de su hijo.
Y creo en quien cree que a la poesía sólo se llega
                    por la trastienda y a oscuras,
cuando nada queda de ese día que se diluye
                entre los pliegues de la noche.

Creo en su vida, que es mucha más vida que la vida
                edulcorada del Vate Laureado.
Creo en él cuando se sienta en el suelo junto a Martín,
y habla de sonrisas sin dientes, de aquella madrugada
del día de su cuadragésimo primer cumpleaños.
Creo en él porque se mira a sí mismo y se ve más viejo
              más mísero más sucio
                    más sabio,
y enseña a sus hijos a amar el olor de la lejía.

DON BENITO PASEA POR LAS
CALLES DE MADRID

El hombre que se mira al espejo, casi de pasada,
sin detenerse demasiado a observar esa figura
                              que ya se sabe de memoria,
que va camino de los sesenta años,
con la tez tempranamente surcada de arrugas, los labios secos,
se atusa con los dedos el bigote, que tanto le cuesta mantener
a raya para darles carácter a unos ojos achinados, escrutadores
                                        e inquisitivos.
Después, se lía la bufanda al cuello -los inviernos
                              de Madrid son muy fríos
y el viento que viene de la sierra es helado, entumece los pies
y las manos, congela el alma-,
se acomoda en su abrigo, casi recién estrenado, se ajusta
                              el sombrero, acaricia
a su perro, leal y untuoso, que le sale al paso, que lo mira
                              como a un dios al que adora,
y sale a la calle. No es aún muy tarde y los crepúsculos
siempre le inspiran. Por el camino, en su deambular errante,
detiene su mirada en las casas, en los patios
y corralas de ambiente humilde y chismoso,
en donde se percibe un profundo olor a agua jabonosa,
a fritanga, a verduras puestas a cocer. Examina las barricadas

de chiquillos, de dientes blancos como la leche, de labios
rojizos como cerezas. Repara en esas mujeres tempranamente
envejecidas, desmejoradas y cloróticas,

                      con faldas de percal rameado
que tan bien les sientan -porque cuando uno está alegre
los objetos se revisten de una maravillosa hermosura-,
ceñidas a esos cuerpos que el tiempo irá desordenando

                                 sin piedad alguna,
porque ni siquiera los ángeles andan por la tierra
sin dar un traspiés a cada paso.

Atraviesa la calle de Cuchilleros, y el hombre
no puede evitar sentir un leve vuelco en su corazón,

                  un rumor sordo que le mantiene alerta.
Madrid, también lo sabe - ¿quién podría saberlo mejor que él
que lleva el alma de la ciudad prendida en su corazón? -,

                             es un lugar
de abstinencia y mortificación y el amor más sublime

                          es el más discreto.
Así que el hombre, que ha parado un instante,
levanta sus ojos y los dirige hacia un balcón
cercano, y cree haber visto a través del cristal de una de

                           las ventanas
un rostro ridículo, enclenque, sin belleza ni gracia alguna,

                            de ojos
fugaces como una estrella que emite su último fulgor.

Y piensa en esa manía suya, incorregible y grosera,
que tantos disgustos le ha costado,
                    de meter siempre la nariz en la eternidad.

Por eso se acuerda de Maximiliano, que le inspira el mismo
                                                    cariño
                    que el de un niño enfermo, desahuciado.
Cómo olvidarse de Maxi, que cuando por fin logra conciliar
                                                    el sueño,
                                        sueña que es un hombre,
ese que siempre quiso ser nada para serlo todo.
                                    Y le vienen a la memoria
los versos de aquel poeta sabio que recomendaba ver
                            el mundo en un grano de arena
y el cielo en una flor silvestre.

Un hombre de su edad, reputado escritor, novelista
consagrado, debería ponerse a las órdenes de la razón,
                                        hacer caso omiso
a los pálpitos engañosos y débiles del alma traicionera,
no exhibir tanto sus debilidades y mostrarse duro e
                                                    intransigente
con sus criaturas, que sólo son invenciones,
                            un laberinto de anhelos rotos.
Lástima de corazón echado a los perros -la frase
suele repetirla en más de una ocasión al cabo del día-.

Pero sabe que toda víctima es por sí cautivadora y que

                                                    los buenos
                        se aniquilan, ellos solos, en la esterilidad.
Y sabe, además, que nadie debería reírse de nada,
que todo lo que pasa -en alguna parte lo dejó escrito-,
por el hecho de pasar, ya merece un respeto.
No pienses, y no temerás nada -insiste para darse ánimo,
para hacer más liviano y entretenido su camino

                                        de regreso, ahora que el frío
arrecia-. Y trata de apoderarse del silencio ajeno, porque

                                                    los sueños
hieren el corazón más que la propia realidad. Porque la ficción
es lo que duele. Y también lo que enseña.

"Tal impresión se intensificaba aún más debido a la temprana oscuridad: cuanto más miraba, menos distinguía, y más se hundía en el crepúsculo".

Franz Kafka, *El castillo*.

AGRADECIMIENTOS

Un libro nunca es hijo de un único autor por más que la creación pase por ser un acto íntimo y solitario, una manera de estar solo, que diría el poeta. Una obra, aunque supuestamente acabada, *se hace* conforme los lectores acuden a ella y la modifican a su antojo con su conocimiento y su experiencia, observando en la misma determinados aspectos que ni siquiera el autor, imbuido en su trabajo, fue capaz de sospechar. En ello radica parte de la magia y la esencia del misterio de eso que llamamos Literatura.

Por todo ello, quiero dar las gracias a quienes leyeron, antes de darla a la imprenta, todos o algunos de los poemas de que se compone esta obra, comenzando por el propio jurado. Y, además:

José ALBEROLA, Arturo ANDREU, Antonio ARCO, Inés BELMONTE, Juan-Diego BELMONTE, Ana Luisa BAQUERO, Verónica DEAN-THACKER, José Daniel ESPEJO, Francisco FLORIT, Eugenio FUENTES, Marita FUNES, Enrique GACTO, Pascual GARCÍA, Esteban GONZÁLEZ PONS, Cecilio HERNÁNDEZ RUBIRA, Francisco JIMÉNEZ, Amando LÓPEZ VALERO, José LUJÁN, Joaquín Longinos MARÍN, José Luis MARTÍN NOGALES, Mario MARTÍNEZ CANO, Joaquín MEDINA,

Paulina MICHALSKA-BELMONTE, José Antonio MOLINA, Jesús MONTOYA, Dolores NICOLÁS, Miguel MUNÁRRIZ, Arturo PÉREZ-REVERTE, Ángel PRIOR, Miguel RELLÁN, Víctor RODRÍGUEZ, Ángel ROSAURO MORAGUES, David SÁNCHEZ FLORIO, Santos SANZ VILLANUEVA, Antonio SOTO ALCÓN, Marco SUCCIO, Shelby THACKER y Paco VICENTE.

Mención especial merecen los poetas y traductores Xavier RODRÍGUEZ RUERA y Jorge de ARCO, amigo entrañable y compañero en la Revista *Zenda* el uno, y en la Asociación Española Críticos Literarios, el otro, por sus sabios e impagables consejos.

Y para terminar de ser justos, mi reconocimiento a Manuel VÁZQUEZ MONTALBÁN, que, con su novela póstuma *Los papeles de Admunsen*, aparecida veinte años después de su muerte, me ha regalado, sin él saberlo ni yo imaginarlo, el título de mi libro.

ÍNDICE